en Calle de la Lectura

PEPE PISA EL HOYO

PEARSON

Glenview, Illinois • Boston, Massachusetts • Chandler, Arizona
Shoreview, Minnesota • Upper Saddle River, New Jersey

Mira el tapete.

Un hoyo. ¡Rápido! ¡Rápido!

El tapete tapa el hoyo.

Pepe pasa las señales.

Pepe Pesado pisa el hoyo.

¿Enojado? ¡Sí! ¡Enojado!